Du bist von Gott geliebt

Herausgegeben von
Jutta Metz

GROH

Rosen begeistern uns durch ihre Schönheit, ihre Farben, ihren unvergleichlichen Duft – und durch ihre Symbolkraft und Ausdrucksstärke. Wer eine Rose schenkt, drückt Wertschätzung und Anerkennung aus, Freundschaft und Liebe. Und wenn die Rose für die menschliche Liebe steht, so kann sie auch Symbol für die Liebe Gottes sein. Im 1. Johannesbrief heißt es: „Gott ist Liebe, und wer in der Liebe bleibt, der bleibt in Gott und Gott in ihm". Was gibt es Schöneres und Tröstlicheres als diese Gewissheit?
Ich wünsche dir, dass du in deinem Leben Gottes Liebe spürst. Dass du dich in guten und auch in schweren Zeiten von ihm gehalten und getragen fühlst. Ich wünsche dir bei allem, was du tust, Gottes reichen Segen.

Nun aber bleiben
Glaube, Hoffnung, Liebe,
diese drei; doch am größten
unter ihnen ist die Liebe.

1. Korinther 13,13

Wessen Herz
mit Liebe erfüllt ist,
der ist immer
ein Gebender.

Augustinus

Der Herr segne euch
je mehr und mehr,
euch und eure Kinder!

Psalm 115,14

Innere Kraft

geht von der Gewißheit aus,
dass Gott mich kennt, mich liebt
und dass mein Leben
in seinen Händen geborgen ist.

Hermann von Loewenich

Lasst uns wahrhaftig sein
in der Liebe und wachsen
in allen Stücken zu dem hin,
der das Haupt ist, Christus.

Epheser 4,15

Wo Gottes Liebe
bei einem Menschen ankommt,
da strömt sie weiter
wie das Licht.

Friedrich Wetter

Gott spricht:
Ich will euch eine Zukunft
und eine Hoffnung geben.

Jeremia 29,11

Wir sind das,
was wir empfangen,
und das, was wir geben.

Josef Butscher

Lebt in der Liebe,
wie auch Christus
uns geliebt hat.

Epheser 5, 2

Lasst keinen
je zu euch kommen,
ohne dass er glücklicher
wieder geht. Seid lebendiger
Ausdruck der Güte Gottes.

Mutter Teresa

Gott spricht:

Fürchte dich nicht,
denn ich habe dich erlöst;
ich habe dich
bei deinem Namen gerufen;
du bist mein!

Jesaja 43,1

Niemand
empfängt einen Segen
nur für sich selbst.

Bodelschwingh

Liebt einander,
denn die Liebe ist das Band,
das alles zusammenhält
und vollkommen macht.

Kolosser 3,14

Die Lebensgeschichte
eines jeden Menschen
ist ein Märchen,
das von Gottes Hand
geschrieben wurde.

Hans Christian Andersen

Wer liebt,
der gibt niemals jemand auf,
in allem vertraut er
und hofft er für ihn; alles erträgt er
mit großer Geduld.

1. Korinther 13,7

Gott will,
dass wir fröhlich sein sollen,
und ihm widerstrebt
die Traurigkeit.

Martin Luther

Christus spricht:

Wenn ihr nur Vertrauen habt,
werdet ihr alles bekommen,
worum ihr Gott bittet.

Matthäus 21, 22

Liebe
verdoppelt die Kräfte.

Engelmar Unzeitig

Der Herr, dein Gott,
hat dich gesegnet
in allen Werken
deiner Hände.

5. Mose 2,7

Die Dankbarkeit
ist eine Gabe,
die das Glück erst
vollkommen macht.

Günter Goepfert

Du bist

von Gott geliebt.

Daniel 9, 23

Der Glaube an Gott
ist eine unversiegliche Quelle
der Freude und des Vertrauens.

Georg Moser

In Gott geborgen

In dieser Reihe sind bisher erschienen:
Du bist von Gott geliebt (ISBN 3-89008-577-6). Auch als Kalender!
Gott segne und behüte dich (ISBN 3-89008-578-4)
sowie der Kalender **Mit Freude und Zuversicht durch das Jahr**

Bildnachweis:
Titel / S. 45: Josef Mahr; S. 2: Wolfgang Dreyer; S. 5, 29, 33 und 43: Jürgen Pfeiffer; S. 7 und S. 15: Louis Bertrand; S. 9: Siegfried Eigstler; S. 11: Archiv Fiebrandt; S. 13: Robert Bruckner; S. 17: Horst Jürgen Schunk; S. 19: Bernd Kottal; S. 21 und S. 37: Dieter Letter; S. 31 und 41: Lubi Porizka; S. 35: Fritz Fankhauser; S. 39: Edwin Reinholz; S. 47: Peter Santor.

Wir danken allen Autoren bzw. deren Erben, die uns freundlicherweise die Erlaubnis zum Abdruck von Texten erteilt haben.

ISBN 3-89008-577-6

www.groh.de